EMPFOHLENES BUCH:

Wer bist du wirklich?
Ein Guide zu den 16 Persönlichkeitstypen
ID16™©

Jarosław Jankowski

Wieso sind wir so verschieden? Wieso nehmen
wir auf unterschiedliche Art Informationen auf,
entspannen anders, treffen anders
Entscheidungen oder organisieren auf
verschiedene Weiseunser Leben?

„Wer bist du wirklich?" erlaubt es Ihnen, sich
selbst und andere Menschen besser zu verstehen.
Der im Buch enthaltene Test ID16 hilft Ihnen
dabei, Ihren Persönlichkeitstyp festzustellen.

Ihr Persönlichkeitstyp:

Inspektor
(ISTJ)

Ihr Persönlichkeitstyp:
Inspektor
(ISTJ)

Serie ID16[TM][©]

JAROSŁAW JANKOWSKI

LOGOS MEDIA

Ihr Persönlichkeitstyp: Inspektor (ISTJ)

Diese Veröffentlichung hilft Ihnen, Ihr Potenzial besser zu nutzen, gesunde Beziehungen zu anderen Menschen aufzubauen und richtige Entscheidungen auf Ihrem Bildungs- und Berufsweg zu treffen. Sie sollte aber keineswegs als Ersatz für eine fachliche psychologische oder psychiatrische Beratung angesehen werden.

Der Autor sowie der Herausgeber übernehmen keine Haftung für eventuelle Schäden, die aufgrund der Nutzung dieser Publikation entstanden sind.

ID16™© ist eine vom Autor geschaffene Persönlichkeitstypologie, die nicht mit Typologien und Tests anderer Autoren oder Institutionen verglichen werden kann.

Aus Gründen der Lesbarkeit wurde im Text die männliche Form gewählt, nichtsdestoweniger beziehen sich die Angaben auf Angehörige beider Geschlechter.

Originaltitel: Twój typ osobowości: Inspektor (ISTJ)

Übersetzung aus dem Polnischen: Wojciech Dzido, Lingua Lab, www.lingualab.pl

Redaktion: Martin Kraft, Lingua Lab, www.lingualab.pl

Technische Redaktion: Zbigniew Szalbot

Herausgeber: LOGOS MEDIA

Druckausgabe: ISBN 978-83-7981-135-9

eBook (EPUB): ISBN 978-83-7981-136-6

eBook (MOBI): ISBN 978-83-7981-137-3

Inhaltsverzeichnis

Einführung

Ihr Persönlichkeitstyp: Inspektor (ISTJ) stellt ein außergewöhnliches Nachschlagewerk zum *Inspektor* dar, einem der 16 Persönlichkeitstypen ID16™©.

Dieser Guide ist Teil der Serie ID16™©, die aus 16 Bänden besteht, die den einzelnen Persönlichkeitstypen gewidmet sind. Sie liefern auf eine ausführliche und verständliche Art und Weise Antworten auf folgende Fragen:

- Wie denken und fühlen Menschen, die zum jeweiligen Persönlichkeitstyp gehören? Wie treffen sie Entscheidungen? Wie lösen sie Probleme? Wovor haben sie Angst? Was stört sie?

- Mit welchen Persönlichkeitstypen kommen sie gut klar, mit welchen hingegen nicht? Was für Freunde, Lebenspartner, Eltern sind diese Menschen? Wie werden sie von anderen betrachtet?

- Was für berufliche Voraussetzungen haben sie? In was für einem Umfeld arbeiten sie am effektivsten? Welche Berufe passen am besten zu ihrem Persönlichkeitstyp?

- Was können sie gut und an welchen Fähigkeiten müssen sie noch feilen? Wie können sie ihr Potenzial ausschöpfen und Fallen aus dem Weg gehen?

- Welche bekannten Personen gehören zum jeweiligen Persönlichkeitstyp?

- Welche Gesellschaft verkörpert die meisten Charakterzüge des jeweiligen Typs?

In diesem Buch finden Sie ebenso die wichtigsten Informationen zur Persönlichkeitstypologie ID16$^{TM©}$.

Wir hoffen, dass es Ihnen dabei hilft, sich selbst und andere Menschen besser zu verstehen und kennenzulernen.

DIE HERAUSGEBER

ID16™©
im Kontext Jungscher Persönlichkeitstypologien

ID16™© gehört zur Familie der sog. Jungschen Persönlichkeitstypologien, die auf der Theorie von Carl Gustav Jung (1875-1961) basieren – einem Schweizer Psychiater und Psychologen und einem der wichtigsten Vertreter der sog. Tiefenpsychologie.

Auf Grundlage langjähriger Forschungen und Beobachtungen kam Jung zur Schlussfolgerung, dass die Unterschiede in der Haltung und den Vorlieben von Menschen nicht zufällig sind. Er erschuf daraufhin die heute bekannte Unterscheidung in Extrovertierte und Introvertierte. Ferner unterschied Jung vier Persönlichkeitsfunktionen, die zwei gegensätzliche Paare bilden: Empfindung – Intuition und Denken – Fühlen. Jung betonte, dass in jedem dieser Paare eine der Funktionen dominierend ist. Er kam zur Einsicht, dass die dominierenden Eigenschaften eines jeden Menschen stetig und unabhängig von externen Bedingungen sind, ihre Resultante hingegen der jeweilige Persönlichkeitstypus ist.

Im Jahre 1938 erschufen zwei amerikanische Psychiater, Horace Gray und Joseph Wheelwright, den ersten Persönlichkeitstest, der auf der Theorie von Jung basierte und die Bestimmung dominierender Funktionen in den drei von ihm beschriebenen Dimensionen ermöglichte: **Extraversion-Introversion**, **Empfindung-Intuition** sowie **Denken-Fühlen.** Dieser Test wurde zur Inspiration für andere Forscher. Im Jahre 1942, ebenfalls in den USA, begannen wiederum Isabel Briggs Myers und Katharine Briggs ihren eigenen Persönlichkeitstest anzuwenden. Sie erweiterten das klassische, dreidimensionale Modell von Gray und Wheelwright um eine vierte Dimension: **Bewertung-Beobachtung**. Die meisten der späteren Typologien und Persönlichkeitstests, die auf der Theorie von Jung basierten, übernahmen daraufhin auch diese vierte Dimension. Zu ihnen gehört auch u. a. die amerikanische Studie aus dem Jahre 1978 von David W. Keirsey sowie der Persönlichkeitstest von Aušra Augustinavičiūtė aus den 1970er Jahren. In den folgenden Jahrzehnten folgten Forscher aus der ganzen Welt, womit sie weitere vierdimensionale Typologien und Tests erschufen, die an lokale Bedingungen und Bedürfnisse angepasst wurden.

Zu dieser Gruppe gehört die unabhängige Persönlichkeitstypologie ID16™©, die in Polen vom

Pädagogen und Manager Jarosław Jankowski erarbeitet wurde. Diese Typologie, die im ersten Jahrzehnt des 21. Jahrhunderts veröffentlicht wurde, basiert ebenfalls auf der klassischen Theorie von Carl Gustav Jung. Ähnlich wie auch andere moderne Jungsche Typologien reiht sie sich in die vierdimensionale Persönlichkeitsanalyse ein. Im Falle von ID16™© werden diese Dimensionen als **vier natürliche Veranlagungen** bezeichnet. Diese Veranlagungen haben einen dichotomischen Charakter, ihre Charakteristik hingegen liefert Informationen über die Persönlichkeit eines Menschen. Die Analyse der ersten Veranlagung hat die Bestimmung einer dominierenden **Lebensenergiequelle** zum Ziel (äußere oder innere Welt). Die zweite Veranlagung wiederum bestimmt die dominierende Art und Weise, wie **Informationen aufgenommen werden** (mithilfe von Sinnen oder Intuition). Die dritte Veranlagung hingegen determiniert die dominante **Entscheidungsfindung** (Verstand oder Herz). Die Analyse der letzten Veranlagung schlussendlich liefert den dominanten **Lebensstil** (organisiert oder spontan). Die Kombination aller natürlichen Veranlagungen ergibt im Endresultat einen von **16 möglichen Persönlichkeitstypen**.

Eine besondere Eigenschaft der Typologie ID16™© ist ihre praktische Dimension. Sie beschreibt die einzelnen Persönlichkeitstypen in der Praxis – auf der Arbeit, im Alltag oder in zwischenmenschlichen Kontakten und Beziehungen. Diese Typologie konzentriert sich nicht auf die innere Dynamik der Persönlichkeit und versucht nicht, eine theoretische Erklärung für innere, unsichtbare

Prozesse zu finden. Viel mehr versucht sie zu erläutern, wie die jeweilige Persönlichkeit nach außen wirkt und welchen Einfluss sie auf ihr Umfeld nimmt. Diese Fokussierung auf den sozialen Aspekt einer jeden Persönlichkeit stellt eine Gemeinsamkeit mit der o. g. Typologie von Aušra Augustinavičiūtė dar.

Jeder der 16 Persönlichkeitstypen ID16™© ist eine Resultante natürlicher Veranlagungen des Menschen. Die Zuschreibung zum jeweiligen Typus birgt aber keine Bewertung. Keiner der Typen ist besser oder schlechter als die anderen. Jeder von ihnen ist schlichtweg anders und verfügt über seine eigenen starken und schwachen Seiten. ID16™© erlaubt es, diese Unterschiede zu identifizieren und sie zu beschreiben. Er hilft einem dabei sich selbst zu verstehen und seinen Platz auf dieser Welt zu finden.

Die Tatsache, dass Menschen ihr eigenes Persönlichkeitsprofil kennen, erlaubt es ihnen, voll und ganz ihr Potenzial zu nutzen und an all jenen Gebieten zu arbeiten, die ihnen Probleme bereiten könnten. Es ist eine unschätzbare Hilfe im Alltag, bei der Suche nach Problemlösungen, beim Aufbau gesunder zwischenmenschlicher Beziehungen sowie bei der Entscheidungsfindung auf dem Bildungs- und Berufsweg.

Die Identifizierung des Persönlichkeitstypus ist kein willkürlicher oder mechanischer Prozess. Jeder Mensch ist als „Inhaber und Nutzer seiner Persönlichkeit" in vollem Maße kompetent zu entscheiden, zu welchem Typus er gehört. Somit haben Menschen eine Schlüsselrolle in diesem Prozess. Solch eine Selbstidentifizierung kann zum einen dadurch erfolgen, dass man sich die Beschreibungen aller 16 Persönlichkeitstypen durchliest und schrittweise die Auswahl einengt. Zum anderen kann man aber auch den schnelleren Weg wählen und den Persönlichkeitstest ID16™© ausfüllen. Auch in diesem Falle spielt der „Nutzer einer Persönlichkeit" die Schlüsselrolle, denn das Ergebnis des Tests hängt einzig und allein von seinen Antworten ab.

Die Identifizierung soll dabei helfen, sich selbst und andere zu verstehen, wenngleich sie keinesfalls als Orakel für die Zukunft angesehen werden sollte. Der Persönlichkeitstyp sollte zudem nie unsere Schwächen oder schlechte Beziehungen zu anderen Menschen rechtfertigen (obwohl er helfen sollte, die Gründe hierfür zu verstehen)!

Im Rahmen von ID16™© wird die Persönlichkeit nie als statisch, genetisch determinierter Zustand verstanden, sondern als Resultante angeborener und erworbener Eigenschaften. Solch eine Perspektive vernachlässigt nicht den freien Willen und kategorisiert nicht. Sie eröffnet viel mehr neue Perspektiven und regt zur Arbeit an sich selbst an, indem sie Bereiche aufzeigt, in denen dies am meisten benötigt wird.

Der Inspektor (ISTJ)

PERSÖNLICHKEITSTYPOLOGIE ID16™©

Profil

Lebensmotto: *Die Pflicht geht vor.*

Menschen, auf die man sich immer verlassen kann. Wohlerzogen, pünktlich, zuverlässig, gewissenhaft, verantwortungsbewusst – die Zuverlässigkeit in Person. Analytisch, methodisch, systematisch und logisch. *Inspektoren* werden als beherrschte, kühle und ernsthafte Menschen angesehen. Sie schätzen Ruhe, Stabilität und Ordnung. *Inspektoren* mögen keine Veränderungen, dafür aber klare und konkrete Regeln.

Sie sind arbeitsam und ausdauernd, weswegen sie Angelegenheiten zu Ende bringen können. Es sind Perfektionisten, die über alles die Kontrolle haben möchten. Sie äußern sparsam Lob und sind nicht imstande, der Wichtigkeit der Gefühle und

Emotionen anderer Menschen die gebürtige Beachtung zu schenken.

Natürliche Veranlagungen des *Inspektors*

- Die Quelle seiner Lebensenergie: seine innere Welt.
- Informationsaufnahme: Sinne.
- Art und Weise wie Entscheidungen getroffen werden: Verstand.
- Lebensstil: organisiert.

Ähnliche Persönlichkeitstypen

- *Praktiker*
- *Verwalter*
- *Animateur*

Statistische Angaben

- *Inspektoren* stellen ca. 6-10 % der Gesellschaft dar.
- Unter *Inspektoren* überwiegen Männer (60 %).
- Das Land, welches dem Profil des *Inspektors* entspricht, ist die Schweiz.[1]

Buchstaben-Code

Der universelle Code des *Inspektors* ist in den Jungschen Persönlichkeitstypologien ISTJ.

---

[1] Dies bedeutet nicht, dass alle Einwohner der Schweiz zu dieser Gruppe gehören, wenngleich die schweizerische Gesellschaft – als Ganzes – viele charakteristische Eigenschaften der *Inspektoren* verkörpert.

Allgemeines Charakterbild

Inspektoren sind geduldig, ausdauernd, gewissenhaft und fleißig. Von Natur aus lieben sie Ordnung und gute Organisation. Sie werden stets von ihrem Pflichtbewusstsein begleitet. *Inspektoren* mögen klar definierte Aufgaben und konkrete Vorgaben. Sie betrachten die Welt und ihr Umfeld als eigentümliches System, dessen Stabilität und Funktionalität von der Einhaltung von Regeln und Befolgung geltender Vorschriften abhängt.

Organisation

Inspektoren mögen es, wenn alles so funktioniert, wie „es funktionieren sollte". Sie inspizieren ununterbrochen alle Abläufe, die sie umgeben (daher auch die Bezeichnung für diesen Persönlichkeitstyp). Sie vermögen es dabei schnell Mängel oder Fehler zu erkennen. *Inspektoren* sind imstande, Angelegenheiten zu Ende zu bringen. Vollendete Aufgaben erfüllen sie mit Befriedigung und erlauben ihnen, sich auf neue Pflichten zu konzentrieren. Sie mögen keine nicht erfüllten Verpflichtungen und Aufgaben sowie keine unbezahlten Rechnungen. All dies stört ihre innere Ruhe.

Inspektoren streben ein geordnetes und stabiles Leben an. Sie erfreuen sich kleiner und einfacher Dinge. Ferner vermögen sie es, gut ihre Zeit zu verwalten – *Inspektoren* halten sich sehr oft an einen konstanten und vorab definierten Tagesplan. Ihre Arbeitsweise ist oft geordnet und systematisch. Sie notieren sich Aufgaben, die ausgeführt werden sollen, und prüfen, ob sie nichts unbeachtet gelassen haben. *Inspektoren* sind selten unvorbereitet oder gar von etwas überrascht. Sie verfügen über einen Arbeitsplan und sind bereit, verschiedenen Pflichten und Herausforderungen die Stirn zu bieten. *Inspektoren* mögen keine Veränderungen, besonders solche, die großen Einfluss auf ihr Leben ausüben.

Sie bevorzugen einen einfachen und natürlichen Lebensstil und schätzen Stabilität und Sicherheit, weswegen sie riskante Unterfangen meiden. *Inspektoren* bevorzugen es, aktuelle Probleme zu lösen, statt sich mit der Vorhersehung potenzieller Probleme in der Zukunft zu beschäftigen. Sie mögen konkrete, greifbare und handfeste Dinge.

Kommunikation

Wenn *Inspektoren* mit anderen Menschen diskutieren, knüpfen sie an harte Fakten und Logik an, was in Verbindung mit ihrer selbstbewussten Haltung dazu führt, dass sie andere von ihrer Meinung zu überzeugen vermögen (sogar wenn sie Unrecht haben!). Sie gehen grundsätzlich davon aus, dass sie Recht haben und es fällt ihnen sehr schwer, den Gedanken an sich heranzulassen, dass sie (auch nur teilweise) irren könnten. *Inspektoren* bemühen sich dahingegen nicht, ihre Meinung um jeden Preis zu belegen. Wenn sie nämlich bemerken, dass dies zu einem Konflikt führen könnte, sind sie imstande, auf die Konfrontation zu verzichten.

In den Augen anderer Menschen

Von ihrer Umwelt werden *Inspektoren* als verantwortungsbewusste, vernünftige, höfliche und ehrliche Menschen angesehen, auf die man immer zählen kann. Ihre Redlichkeit, Zuverlässigkeit und

Pünktlichkeit weckt allgemeinen Respekt hervor. *Inspektoren* gelten jedoch als Menschen, denen man sich nur schwer nähern kann. Sie sind eher schweigsam, weswegen es schwer ist, sie kennenzulernen und zu erraten, was sie denken und fühlen. Sie werden oft als zurückhaltend, kühl und ernst angesehen. Einige Menschen fühlen sich in ihrer Anwesenheit deswegen unwohl, vor allem da *Inspektoren* oft (unbewusst) bei anderen das Gefühl der Unterlegenheit, sogar Schuld hervorrufen und somit Abwehrmechanismen bei ihnen auslösen.

Ein anderes Problem kann ihre Skepsis und ihr Misstrauen gegenüber neuen Ideen sein. *Inspektoren* erwarten von anderen Beweise dafür, dass die vorgeschlagenen Veränderungen oder neuen Lösungen Sinn machen. Bei einem Gespräch mit *Inspektoren* fühlen sich manche Menschen wie bei einem Verhör. Andere wiederum stören sich an ihrem Perfektionismus, ihrer Pedanterie, ihrem Willen, über alles die Kontrolle zu behalten, und ihrer Überzeugung, dass sie immer Recht haben.

Ästhetik

Inspektoren verspüren kein Verlangen, sich mit Luxusgütern zu umgeben und die neuesten Trends zu verfolgen. Sie konzentrieren sich eher auf die praktischen Vorzüge von Dingen, die für sie einfach, praktisch und sparsam bei der Nutzung sein sollten. Sie schätzen ihre Zuverlässigkeit und Beständigkeit. Dahingegen mögen *Inspektoren* keine ausgefallenen Dekorationen, Luxus und Bizzarheiten. Ihre Häuser, Wohnungen und Arbeitsplätze sind für gewöhnlich gepflegt, funktional und geschmackvoll eingerichtet. *Inspektoren* bevorzugen eher einen klassischen Kleidungsstil und meiden Experimente oder Extravaganz. Sie sind nicht imstande Menschen zu verstehen, die Kleidung oder andere Produkte nur deswegen kaufen, weil sie in Mode sind.

Wahrnehmung und Entscheidungen

Inspektoren richten sich nach ihren fünf Sinnen und nicht nach Emotionen, zeitweiligen Empfindungen oder Impulsen. Sie treffen Entscheidungen auf eine rationale und logische Art und Weise, wobei sie sich auf „harte Fakten" und Daten stützen. *Inspektoren* vermögen es, auf eine klare und verständliche Art und Weise ihre Meinung auszudrücken (sie machen dies gerne schriftlich). Ihre Innenwelt ist für sie wichtiger als ihre Außenwelt. Für gewöhnlich fühlen sie sich selbstgenügsam – *Inspektoren* gehen davon aus, dass andere Menschen ihnen nicht viel zu bieten haben. Es fällt ihnen auch schwer, die Ansichten und Verhaltensweisen anderer Menschen zu verstehen, sofern sie sich sehr von ihren eigenen unterscheiden.

Freizeit

Inspektoren sind ihrer Arbeit treu ergeben, finden aber auch Zeit zum Entspannen. Dabei hilft ihnen ihre gute Organisation. Ihre Freizeit wiederum gestalten sie ebenfalls auf die gleiche Art und Weise – gut organisiert. Ihren Urlaub planen *Inspektoren* auf eine bewusste und durchdachte Art und Weise, wobei sie recht wenig Platz für Überraschungen oder Improvisation lassen.

In Stresssituationen

Inspektoren versuchen von Natur aus sich vor Stress zu schützen. In Wahrheit sind sie darin besser, als mit Stress umzugehen. In Zeiten besonderer Anspannung stellen sie sich zahlreiche schwarze Szenarien vor: den Konkurs ihrer Firma, den Verlust ihrer Arbeit, eine Krankheit (von ihnen oder ihrer Familie). Sie beschuldigen sich dann, dass sie etwas nicht ordnungsgemäß ausgeführt haben, oder sie werden von dem Gefühl der eigenen Inkompetenz bzw. einer Lähmung bei der Entscheidungsfindung befallen. Unter dem Einfluss von langfristigem Stress können *Inspektoren* die für sie charakteristische Ruhe sowie die Fähigkeit der distanzierten und logischen Einschätzung von Situationen verlieren. Ferner neigen sie in solchen Situationen auch zu Nostalgie.

Sozialer Aspekt der Persönlichkeit

Wichtige Bindeglieder bei zwischenmenschlichen Beziehungen sind für *Inspektoren* Vertrauen und Loyalität. Ihre Hingabe und Liebe äußern sie selbst mithilfe von Taten. *Inspektoren* vermögen es von Natur aus nicht, die emotionalen Bedürfnisse anderer Menschen zu erkennen. Es fällt ihnen auch schwer, den eigenen Gefühlen Ausdruck zu verleihen. Oftmals retten sich *Inspektoren* durch ihr starkes Pflichtbewusstsein – sie führen sich die Bedürfnisse anderer vor Augen und behandeln die Befriedigung dieser Bedürfnisse als ihre Pflicht, womit sie anderen auch mit Interesse und Fürsorge begegnen.

Inspektoren mögen keine einfachen Treffen mit Freunden, wenngleich sie familiären Feiern wohlgesonnen sind. Die Pflege von familiären Traditionen stellt für sie einen großen Wert dar. Unter Verwandten oder Freunden vermögen sie es, andere Menschen zu unterhalten. *Inspektoren* sind sehr loyal, was sowohl ihren Arbeitsplatz als auch ihre Familie und ihre Freunde anbelangt. Oft engagieren sie sich für das Leben in ihrem Viertel oder ihrer Ortschaft. Ihre Arbeit, ihr Zuhause und ihre lokale Gemeinschaft sind für *Inspektoren* die wichtigsten Orte.

Unter Freunden

Inspektoren fühlen sich wohl inmitten anderer Menschen, wenngleich sie es nicht mögen, im Mittelpunkt zu stehen. Von Natur aus sind sie schweigsam. Intensive Gespräche ermüden sie. *Inspektoren* brauchen Augenblicke, an denen sie alleine sind und abschalten können, um auszuruhen und über aktuelle Angelegenheiten nachzudenken.

Inspektoren werden für gewöhnlich als sehr ernste Menschen angesehen, wohingegen ihre Freunde auch ihre andere Seite kennen – als Menschen, die es verstehen, sich in Anwesenheit ihrer Freunde und ihrer Familie zu amüsieren. Freundschaftliche Beziehungen sind für *Inspektoren* sehr wichtig, weswegen sie diese sorgfältig pflegen, viel Energie für sie aufbringen und bereit sind, sich für sie aufzuopfern (wenngleich die Familie stets Vorrang hat). Am häufigsten freunden sich *Inspektoren* mit *Praktikern, Verwaltern, Strategen* sowie anderen *Inspektoren* an. Dahingegen reizen sie sich an der sorglosen Herangehensweise von *Enthusiasten*, *Idealisten* und *Beratern*. Diese Abneigung wird aber auch erwidert – *Inspektoren* werden von jenen als zu distanziert, steif und konservativ angesehen.

In der Ehe

Die Sorge um ihre Familie, ihre Sicherheit und ihre materiellen Bedürfnisse sind für *Inspektoren* eine selbstverständliche Pflicht. Ihre Verpflichtungen, Versprechen und Gelübde erachten sie als Heiligtum. Dies betrifft auch das Ehegelübde – „bis dass der Tod uns scheidet". Für gewöhnlich halten die Ehen von *Inspektoren* nämlich ein Leben lang.

Inspektoren haben keine größeren emotionalen Bedürfnisse. Sie erwarten von ihren Ehepartnern keine herzlichen Worte, Komplimente oder zärtlichen Gesten, die sie selbst wiederum als Bedürfnis anderer nicht wahrnehmen. Sie haben Probleme damit, ihre Gefühle und Emotionen zu zeigen. Liebe und Hingabe offenbaren sie dahingegen durch konkrete, praktische Handlungen (*Inspektoren* gehören zu all jenen Menschen, die praktische Geschenke machen).

Natürliche Kandidaten als Lebenspartner sind für *Inspektoren* Personen mit verwandten Persönlichkeitstypen: *Praktiker*, *Verwalter* oder *Animateure*. In solchen Beziehungen ist es für sie einfacher gegenseitiges Verständnis und harmonische Beziehungen aufzubauen. Die Erfahrung zeigt aber, dass *Inspektoren* auch imstande sind, gelungene, glückliche Beziehungen mit Personen einzugehen, deren Typ offensichtlich völlig verschieden ist. Umso interessanter sind diese Beziehungen, da die

Unterschiede zwischen den Partnern der Beziehung Dynamik verleihen und Einfluss auf die persönliche Entwicklung nehmen können (viele Personen bevorzugen diese Perspektive, die sich für sie interessanter gestaltet als eine harmonische Beziehung, in der ständig Einklang und gegenseitiges Verständnis herrscht).

Ihr Fleiß und ihre Zuverlässigkeit weckt bei anderen Menschen in ihrem Umfeld Respekt hervor. Ihre beruflichen Erfolge haben jedoch ihren Preis – *Inspektoren* behandeln Arbeit für gewöhnlich als eine der Prioritäten im Leben. Sie vermögen es auch nicht, ihre Arbeit komplett von ihrem Privatleben zu trennen. Ein weiteres potenzielles Problem in ihren Beziehungen ist auch ihre Direktheit. Es kommt vor, dass *Inspektoren* ihre Ehepartner mit kritischen Anmerkungen verletzen, ohne sich dabei dessen bewusst zu sein. Für gewöhnlich vermögen es *Inspektoren* auch nicht, sich in eine andere Lage zu versetzen und vorauszusehen, welches Verhalten oder welches Wort anderen Menschen Leid zufügen könnte.

Inspektoren möchten für gewöhnlich so gut wie möglich jegliche soziale Rolle ausfüllen (Kinder, Ehepartner, Freunde, Eltern, Mitarbeiter). Ihr Verantwortungsbewusstsein motiviert sie stets zum Handeln, weswegen jeglicher Erfolg im Leben davon abhängt, ob sie die jeweilige Angelegenheit als ihre Pflicht ansehen. Wenn *Inspektoren* also die Befriedigung der emotionalen Bedürfnisse ihrer Partner als Pflicht ansehen, werden sie sich alle erdenkliche Mühe geben, um diese Aufgabe so gut wie möglich zu meistern.

Als Eltern

Inspektoren sind sehr gewissenhafte und hingebungsvolle Eltern. Sie sind bereit, sich aufzuopfern und geben sich alle Mühe, ihre Kinder in einer guten und gesunden Atmosphäre zu erziehen und dafür zu sorgen, dass ihrem Nachwuchs an nichts fehlt. *Inspektoren* versuchen ihnen dabei eine gesicherte und stabile Zukunft zu gewährleisten. Sie behandeln dies als ihre natürliche Pflicht und versuchen sie auch so gut es nur geht zu erfüllen. *Inspektoren* lehren ihre Kinder, welche Rollen es in der Gesellschaft gibt und an welche allgemein gültigen Normen und Traditionen man sich halten sollte. Sie erwarten von ihrem Nachwuchs Respekt und dulden keinen Ungehorsam sowie die Nichteinhaltung von festgelegten Regeln. In der Regel haben *Inspektoren* hohe Ansprüche und können auch streng sein. Disziplin ist für sie eine natürliche Pflicht, die ihnen bei der Erziehung ihrer Kinder zu ordentlichen und verantwortungsbewussten Menschen hilft.

Inspektoren sind ihren Kindern gegenüber großzügig mit Kritik, zeitgleich sind sie auch sparsam mit Lob. Für gewöhnlich verstehen sie es auch nicht, die emotionalen Bedürfnisse ihrer Kinder zu deuten und zeigen ihnen zu wenig Fürsorge. Dies kann nicht nur zu Distanz zwischen ihnen und ihrem Nachwuchs führen, aber auch zu weitaus schlimmeren emotionalen Problemen bei ihrem Nachwuchs. Zum Glück beginnen *Inspektoren* – nachdem sie sich die Bedürfnisse ihrer Kinder vor Augen geführt haben – Ansporn und „positive

Stärkung" als eine der wichtigsten, familiären Aufgaben anzusehen, was sie von Natur aus zum Handeln motiviert.

Die von *Inspektoren* aufgestellten Normen und Regeln in den eigenen vier Wänden sowie ihre Konsequenz bei deren Vollstreckung werden von ihren Kindern (vor allem in der Pubertät) oft als bedrängend empfunden, wenngleich sie ihnen auch ein Gefühl von Sicherheit verleihen und für ihre gesellschaftliche Entwicklung förderlich sind. Nach vielen Jahren schätzen die Kinder ihre *Inspektoren* dafür, dass sie ihnen ein sicheres Zuhause geboten, sie verantwortungsbewusstes Handeln gelehrt, sich um ihre Zukunft gesorgt haben und stets bereit waren, sich für ihren Nachwuchs aufzuopfern.

Arbeit und Karriere

Inspektoren vermögen es, Aufgaben zu erfüllen, die nach komplizierten Prozeduren, dem Ausfüllen von Formularen und der Arbeit mit einer großen Menge an Daten verlangen. Sie messen ihren Pflichten immer höchste Priorität bei. Dabei sind *Inspektoren* nicht imstande, sich auszuruhen oder sich ihrer Freizeit zu widmen, wenn sie noch eine wichtige Aufgabe zu erledigen haben.

Im Team

Inspektoren bevorzugen es, alleine zu arbeiten und nach ihren Errungenschaften bewertet zu werden. Wenn die Situation es verlangt, können sie aber auch in einem Team arbeiten (am liebsten mit Menschen, die – ähnlich wie sie – gut organisiert sind und ihre Pflichten bestmöglich erfüllen möchten).

Inspektoren schätzen Vorgesetzte, die ihre Mitarbeiter unterstützen und ihnen klar definierte Vorgaben bzgl. ihrer Aufgaben machen. Als Teammitglieder achten *Inspektoren* auf hohe Qualitätsstandards und auch auf Details, die von anderen Mitarbeitern nicht erkannt werden. *Inspektoren* verstehen Menschen nicht, die sich nicht für ihre Arbeit engagieren und mit den Zielen ihrer Firma nicht identifizieren. Sie fühlen sich schlecht inmitten von Menschen, die emotional oder überempfindlich sind und Zeit für unnötige Diskussionen verlieren. Ferner verstehen *Inspektoren* Menschen nicht, die bewusst Regeln brechen, ihr Wort nicht halten, geliehene Gegenstände nicht zurückgeben, ihre Pflichten nicht erfüllen oder über Sachen sprechen, von denen sie keine Ahnung haben.

Arbeitsstil

Inspektoren planen ihre Arbeit sehr genau und beenden konsequent all ihre Aufgaben. Sie streben ausdauernd ihre Ziele an und lassen sich von Widrigkeiten oder Schwierigkeiten nicht entmutigen, was bei vielen anderen schon längst geschehen wäre. Sie sind nicht imstande, bewusst ihre Arbeit unterhalb der eigenen Möglichkeiten auszuführen. Nachdem sie eine Aufgabe erledigt haben, bedauern sie oft, dass sie diese nicht noch besser bewerkstelligt haben.

Inspektoren bevorzugen es, laut einer Anleitung zu handeln, die ihnen schrittweise vorgibt, was zu tun ist. Sie schätzen geprüfte Prozeduren und erprobte Handlungsstrategien. Wenn sie andere

Menschen von einer Lösung überzeugen möchten, knüpfen sie oftmals an Traditionen und Erfahrungen aus der Vergangenheit an („wir haben es schon immer so gemacht").

Dahingegen mögen *Inspektoren* keine abstrakten Theorien und keine allgemeinen Konzepte, aus denen keine praktischen Schlüsse gezogen werden können. Sie mögen auch keine Aufgaben, die komplett von ihren bisherigen Aufgaben abweichen und die nicht auf Grundlage ihrer bisherigen Erfahrung gelöst werden können. *Inspektoren* vertragen keine radikalen Veränderungen. Sie bevorzugen viel mehr sukzessive Veränderungen, die sich nach und nach entwickeln. Von Natur aus stehen *Inspektoren* Neuheiten und Experimenten skeptisch gegenüber. Sie lassen sich aber von neuen Methoden und Lösungen überzeugen, sofern es handfeste Beweise gibt, dass sie von Vorteil sind und woanders bereits erfolgreich angewandt wurden.

Aufgaben

Wenn *Inspektoren* eine Aufgabe anvertraut wird, kann man sicher sein, dass sie sie gemäß Anordnung und pünktlich erfüllen (für gewöhnlich sogar vor der Zeit). Verpflichtungen, Versprechen und Termine sind für sie nämlich heilig. Wenn sie an einer Aufgabe arbeiten, opfern sie für gewöhnlich sehr viel Zeit, Energie und sogar Gesundheit. Ihre Vorgesetzten, Kollegen und Kontrahenten wissen, dass man sich auf sie verlassen kann. *Inspektoren* selbst hingegen lehnen weitere Aufgaben selten ab, auch wenn sie bereits überbelastet sind.

Ihr Engagement behandeln *Inspektoren* als etwas völlig Natürliches. Sie bemühen sich nicht um

Preise oder Lob und stellen ihre Errungenschaften nicht zur Schau. Oftmals sind sie sich auch gar nicht dessen bewusst, dass sie Großes vollbracht haben.

Als Vorgesetzte

Ihr Engagement, ihr Fleiß und ihre Zuverlässigkeit eröffnen ihnen oftmals den Weg zur Beförderung. Es passiert nicht selten, dass sie Führungspositionen bekleiden. Als Vorgesetzte stellen *Inspektoren* klare Regeln auf und zeigen ihren Mitarbeitern präzise definierte Aufgaben auf. Sie dulden keinerlei Anzeichen von Vergeudung oder Ineffizienz. Auch mangelnde Sorgfalt, Unzuverlässigkeit und die Missachtung von Pflichten ist ihnen ein Dorn im Auge. Gegenüber wenig effizienten, schwach arbeitenden Angestellten sind sie in der Lage radikale Schritte einzuleiten.

Unternehmen

Inspektoren finden sich für gewöhnlich gut in Institutionen mit langjähriger Tradition wieder, die eine gefestigte Position auf dem Markt haben und über festgelegte Regeln verfügen. Sie schätzen Firmen, die ihren Mitarbeitern Sicherheit und finanzielle Stabilität bieten und ihre Hingabe, ihr Engagement und ihre Erfahrung schätzen. *Inspektoren* arbeiten oft in staatlichen Institutionen, Großunternehmen und im uniformierten Dienst.

Berufe

Das Wissen über das eigene Persönlichkeitsprofil sowie die natürlichen Präferenzen stellen eine unschätzbare Hilfe bei der Wahl des optimalen Berufsweges dar. Die Erfahrung zeigt, dass *Inspektoren* mit Erfolg in verschiedenen Bereichen arbeiten und aufgehen können. Doch dieser Persönlichkeitstyp prädisponiert sie auf natürliche Art und Weise zu folgenden Berufen:

- Administrator,
- Archivar,
- Arzt,
- Auditor,
- Ausführender Direktor,
- Beamter,
- Bibliothekar,
- Buchhalter,
- Buchprüfer,
- Detektiv,
- Finanzdirektor,
- Flieger,
- Informatiker,
- Ingenieur,
- Inspektor,
- IT-Analytiker,
- Jurist,
- Kontrolleur,
- Landwirt,
- Lehrer der Naturwissenschaften,
- Logistiker,
- Manager,

- Mechaniker,
- Pharmazeut,
- Polizeibeamter,
- Programmierer,
- Richter,
- Soldat,
- Techniker,
- Unternehmer,
- Verwalter.

Potenzielle starke und schwache Seiten

Ähnlich wie auch andere Persönlichkeitstypen haben *Inspektoren* potenzielle starke und schwache Seiten. Dieses Potenzial kann auf verschiedenste Weise ausgeschöpft werden. Glück im Privatleben sowie Erfolg im Beruf hängen bei *Inspektoren* davon ab, ob sie die Chancen, die mit ihrem Persönlichkeitstyp verknüpft sind, nutzen und ob sie den Gefahren auf ihrem Weg die Stirn bieten können. Im Folgenden eine ZUSAMMENFASSUNG dieser Chancen und Gefahren:

Potenzielle starke Seiten

Inspektoren haben eine Vorliebe für Ordnung und schätzen Tradition und Regeln. Sie halten für gewöhnlich ihr Wort, sind loyal und zuverlässig. Jegliche Verpflichtungen behandeln *Inspektoren* überaus ernst. Sie kümmern sich um ihre Familie und sind dazu fähig, sich für sie aufzuopfern. Andere respektieren sie aufgrund ihrer Zuverlässigkeit und Pünktlichkeit. *Inspektoren* erkennen sehr schnell jegliche Fehler oder Mängel. Sie sind sehr arbeitsam und lassen sich bei ihren Aufgaben nicht von Widrigkeiten aufhalten, weswegen sie ihre Arbeit auch zu Ende führen. Dank dieser Haltung sind sie für gewöhnlich in der Lage, ihre Ziele zu erreichen. Ferner vermögen sie es, bei ihrer Arbeit zahlreiche Prozeduren einzuhalten, eine Menge an Daten zu verarbeiten und mit Routine-Aufgaben umzugehen.

Inspektoren teilen ihr Wissen und ihre Erfahrungen gerne anderen Menschen mit und helfen ihnen dabei, konkrete Probleme zu lösen. Sie sind in der Lage, auf verständliche und sachliche Art und Weise ihre Gedanken in Worte zu fassen und andere von ihrer Meinung zu überzeugen. Auch in Konfliktsituationen kommen sie gut zurecht – *Inspektoren* sind offen für konstruktive Kritik, die sie nicht als schmerzhaft oder gar eine Attacke gegen ihre Person empfinden. Andererseits lassen sie sich aber auch nicht einfach von ihrer Meinung und ihren Ansichten abbringen. Wenn es nötig ist, vermögen sie es, andere Menschen zu disziplinieren und sie direkt auf ihr Verhalten anzusprechen. Auch das Verwalten von Geld stellt für *Inspektoren* kein Problem dar.

Potenzielle schwache Seiten

Inspektoren haben Probleme damit, die Gefühle anderer Menschen zu deuten und ihre emotionalen Bedürfnisse zu erkennen. Sie sind von Natur aus sparsam mit Lob und es fällt ihnen schwer, Liebe oder ihre Gefühle zu artikulieren. Ihr Wille, alles zu ordnen und zu inspizieren, kann für ihre Kollegen und ihre Familie mühsam sein.

Inspektoren gehen davon aus, dass sie immer Recht haben, weswegen sie oftmals alternative Lösungen oder eine andere Sichtweise ablehnen. Es fällt ihnen schwer, Probleme aus einer breiteren Perspektive zu betrachten und Ansichten, die sich von ihren unterscheiden, zu verstehen. Oftmals lehnen *Inspektoren* die Meinung anderer ab, ohne sie überhaupt gehört zu haben. Im Angesicht von Problemen tendieren sie dazu, anderen die Schuld zuzuschieben.

Inspektoren vertragen Veränderungen und neue Situationen eher schlecht. Ihre natürliche Vorliebe für eine starre Befolgung von Vorgaben, Instruktionen und Prozeduren kann für sie in vielerlei Situationen eine Einschränkung darstellen. Die Tendenz, sich auf bisherige Erfahrungen und erprobte Lösungen zu stützen, kann für sie ein Hindernis darstellen, wenn sie sich mit neuen Aufgaben konfrontiert sehen, die nach unkonventionellen Methoden verlangen.

Persönliche Entwicklung

Die persönliche Entwicklung von *Inspektoren* hängt davon ab, in welchem Grad sie ihr natürliches Potenzial nutzen und ob sie die Gefahren, die in Verbindung mit ihrem Typ stehen, zu bewältigen vermögen. Die folgenden praktischen Tipps stellen eine Art Dekalog des *Inspektors* dar.

Lassen Sie andere nicht auf Mutmaßungen angewiesen sein

Sagen Sie anderen Menschen, wie Sie sich fühlen und was Sie erleben. Äußern Sie Ihre Emotionen.

Sie werden so Ihren Kollegen und Ihrer Familie helfen. Egal was Sie sagen sollten, es wird weitaus besser als Schweigen sein.

Betrachten Sie Probleme aus einer breiteren Perspektive

Versuchen Sie einen breiteren Kontext zu erkennen und Probleme unter verschiedenen Gesichtspunkten zu analysieren, auch aus der Perspektive anderer Menschen. Lassen Sie sich beraten, erwägen Sie andere Meinungen und verschiedene Aspekte eines Problems.

Lernen Sie kreative Ideen zu schätzen

Einzig und allein Daten und „harte Fakten" als Grundlage zu wählen, bringt eine Reihe an Begrenzungen mit sich. Viele Probleme können nur mithilfe von kreativen Problemen, innovativen Methoden oder gar Intuition gelöst werden.

Lassen Sie einigen Sachen ihren natürlichen Lauf

Sie werden es nicht schaffen, alles zu kontrollieren und über allem Herr zu werden. Lassen Sie weniger wichtige Angelegenheiten ihren natürlichen Lauf nehmen. Verschieben Sie weniger dringende Entscheidungen und hören Sie auf, Menschen zu reformieren. Dank dessen werden Sie viel Energie sparen und Frust vermeiden.

Kritisieren Sie weniger und loben Sie mehr

Gehen Sie sparsamer mit Kritik um und loben Sie andere Menschen dafür häufiger. Seien Sie anderen gegenüber herzlich und nutzen Sie jede Möglichkeit, um ihnen etwas Nettes zu sagen. Sie werden den Unterschied merken und werden überrascht sein!

Öffnen Sie sich für andere Menschen

Wenn Sie sich für andere Menschen öffnen, bedeutet das nicht, dass Sie Ihre eigenen Ansichten und Ihre Meinung aufgeben. Gehen Sie nicht davon aus, dass andere Menschen nichts Interessantes zu bieten haben. Bevor Sie die Meinung anderer Menschen ablehnen, sollten Sie ihnen erst zuhören und versuchen, sie zu verstehen.

Behandeln Sie andere Menschen „menschlich"

Menschen möchten nicht einzig als Teile des Systems oder Rädchen im Getriebe angesehen werden. Sie möchten, dass ihre Emotionen, Gefühle und Leidenschaften erkannt werden. Versuchen Sie, sich in ihre Lage zu versetzen und zu verstehen, was sie durchleben, was ihre Leidenschaft ist, was sie beunruhigt, wovor sie Angst haben…

Sehen Sie ein, dass die Welt nicht schwarz-weiß ist

Dinge können weitaus komplexer sein, als es Ihnen vorkommt. Probleme können zwar von anderen hervorgerufen worden sein, aber genauso gut von Ihnen (wenn auch teilweise). Sie müssen nicht immer Recht haben. Denken Sie daran, bevor Sie anfangen, andere Menschen zu beschuldigen oder ihnen Fehler vorzuhalten.

Wehren Sie sich nicht gegen Veränderungen

Lehnen Sie nicht von Anfang an Ideen ab, die zu Veränderungen führen oder die bestehende Ordnung anzweifeln könnten. Wenn Sie so handeln, verlieren Sie Ihre Chance, sich weiterzuentwickeln und somit auch, wertvolle Erfahrungen zu sammeln. Veränderungen bringen immer ein gewisses Risiko mit sich, aber es ist für gewöhnlich kleiner als Sie denken.

„Verhören" Sie keine anderen Menschen

Wenn Sie mit anderen Menschen sprechen, überhäufen Sie sie nicht mit Fragen. Einige könnten denken, dass Sie sie „verhören".

Bekannte Personen

Eine Liste bekannter Personen, die dem Profil des *Inspektors* entsprechen:

- **George Washington** (1732-1799) – 1. Präsident der Vereinigten Staaten, gilt als Vater der amerikanischen Nation;
- **John D. Rockefeller** (1839-1937) – US-amerikanischer Unternehmer und Philanthrop, gilt als reichster Mensch in der Geschichte;

- **George H. W. Bush** (1924-2018) – 41. Präsident der Vereinigten Staaten, Vater des 43. Präsidenten – George W. Bush;
- **Elisabeth II.**, eigtl. Elizabeth Alexandra Mary (1926-2022) – Königin des Vereinigten Königreichs aus der Windsor-Dynastie;
- **Warren Edward Buffett** (geb. 1930) – US-amerikanischer Börseninvestor, einer der reichsten Menschen der Welt;
- **Malcolm McDowell** (geb. 1943) – britischer Film- und Fernsehschauspieler (u. a. *Clockwork Orange*);
- **Sting**, eigtl. Gordon Matthew Thomas Sumner (geb. 1951) – britischer Musiker, Komponist und Sänger, Bassist der Gruppe The Police;
- **Condoleezza Rice** (geb. 1954) – US-amerikanische Politikerin, Doktor der Politikwissenschaften, Staatssekretärin in der Regierung George W. Bush;
- **Gary Alan Sinise** (geb. 1955) – US-amerikanischer Schauspieler, Regisseur und Filmproduzent (u. a. *CSI:NY* – Schauspieler und Produzent);
- **Jackie Joyner-Kersee** (geb. 1962) – US-amerikanische Leichtathletin, dreifache Olympiasiegerin und vierfache Weltmeisterin, eine der besten Sportlerinnen in der Geschichte der Frauen-Leichtathletik;
- **Evander Holyfield** (geb. 1962) – US-amerikanischer Boxer, gilt als einer der besten Boxer im Schwergewicht;

- **Rania Al-Abdullah** (geb. 1970) – Ehefrau des Königs von Jordanien Abdullah II., soziale Aktivistin und eine der 100 einflussreichsten Frauen der Welt („Forbes").

Die 16 Persönlichkeitstypen im Überblick

Der Animateur (ESTP)

Lebensmotto: *Lasst uns etwas unternehmen!*

Energisch, aktiv und unternehmerisch. Sie mögen die Gesellschaft anderer Menschen und sind imstande, den Augenblick zu genießen. Spontan, flexibel und offen für Veränderungen.

Enthusiastische Anreger und Initiatoren, die andere zum Handeln motivieren. Logisch, rational und überaus pragmatisch. *Animateure* sind Realisten, die abstrakte Ideen und die Zukunft betreffende Erwägungen ermüdend finden. Sie konzentrieren sich viel mehr auf konkrete Lösungen von aktuellen Problemen. Sie haben manchmal Schwierigkeiten bei der Organisation und Planung, denn sie neigen zu impulsiven Handlungen, weswegen es passieren kann, dass sie erst handeln und dann nachdenken.

Natürliche Veranlagungen des *Animateurs*

- Die Quelle seiner Lebensenergie: seine äußere Welt.
- Informationsaufnahme: Sinne.
- Art und Weise wie Entscheidungen getroffen werden: Verstand.
- Lebensstil: spontan.

Ähnliche Persönlichkeitstypen

- *Verwalter*
- *Praktiker*
- *Inspektor*

Statistische Angaben

- *Animateure* stellen ca. 6-10 % der Gesellschaft dar.
- Unter *Animateuren* überwiegen Männer (60 %).
- Das Land, welches dem Profil des *Animateurs* entspricht, ist Australien.[2]

---

[2] Dies bedeutet nicht, dass alle Einwohner von Australien zu dieser Gruppe gehören, wenngleich die australische Gesellschaft – als Ganzes – viele charakteristische Eigenschaften des *Animateurs* verkörpert.

Buchstaben-Code

Der universelle Code des *Animateurs* ist in den Jungschen Persönlichkeitstypologien ESTP.

Mehr:

Jarosław Jankowski
Ihr Persönlichkeitstyp: Animateur (ESTP)

Der Anwalt (ESFJ)

Lebensmotto: *Wie kann ich dir helfen?*

Enthusiastisch, energisch und gut organisiert. Praktisch, verantwortungsbewusst und gewissenhaft. Darüber hinaus herzlich und überaus gesellig.

Anwälte erkennen menschliche Stimmungen, Emotionen und Bedürfnisse. Sie schätzen Harmonie und vertragen schlecht Kritik oder Konflikte. Sie sind sehr sensibel in Bezug auf Ungerechtigkeiten sowie das Leid anderer Menschen. Sie interessieren sich aufrichtig für die Probleme anderer und sind glücklich, wenn sie ihnen helfen können. Indem sie sich um die Bedürfnisse anderer kümmern, vernachlässigen sie oftmals ihre eigenen. *Anwälte* neigen dazu, anderen auszuhelfen. Sie sind anfällig für Manipulationen.

Natürliche Veranlagungen des *Anwalts*

- Die Quelle seiner Lebensenergie: seine äußere Welt.
- Informationsaufnahme: Sinne.

- Art und Weise wie Entscheidungen getroffen werden: Herz.
- Lebensstil: organisiert.

Ähnliche Persönlichkeitstypen

- *Moderator*
- *Betreuer*
- *Künstler*

Statistische Angaben

- *Anwälte* stellen ca. 10-13 % der Gesellschaft dar.
- Unter *Anwälten* überwiegen Frauen (70 %).
- Das Land, welches dem Profil des *Anwalts* entspricht, ist Kanada.

Buchstaben-Code

Der universelle Code des *Anwalts* ist in den Jungschen Persönlichkeitstypologien ESFJ.

Mehr:

Jarosław Jankowski
Ihr Persönlichkeitstyp: Anwalt (ESFJ)

Der Berater (ENFJ)

Lebensmotto: *Meine Freunde sind meine Welt.*

Optimistisch, enthusiastisch und scharfsinnig. Höflich und taktvoll. Sie verfügen über ein unglaubliches Empathievermögen, wodurch es sie glücklich stimmt, durch selbstloses Handeln anderen Menschen Gutes zu tun. *Berater* vermögen es, Einfluss auf das Leben anderer zu nehmen – sie inspirieren, entdecken in ihnen verstecktes Potenzial und verleihen ihnen Glauben an das eigene Können. *Berater* strahlen Wärme aus, weswegen sie andere Menschen anziehen. Sie helfen ihnen oftmals, persönliche Probleme zu lösen.

Doch *Berater* neigen dazu, gutgläubig zu sein und die Welt durch eine rosarote Brille zu betrachten. Da sie ständig auf andere Menschen fixiert sind, vergessen sie oftmals ihre eigenen Bedürfnisse.

Natürliche Veranlagungen des *Beraters*

- Die Quelle seiner Lebensenergie: seine äußere Welt.
- Informationsaufnahme: Intuition.
- Art und Weise wie Entscheidungen getroffen werden: Herz.
- Lebensstil: organisiert.

Ähnliche Persönlichkeitstypen

- *Enthusiast*
- *Mentor*
- *Idealist*

Statistische Angaben

- *Berater* stellen ca. 3-5 % der Gesellschaft dar.
- Unter *Beratern* überwiegen Frauen (80 %).

- Das Land, welches dem Profil des *Beraters* entspricht, ist Frankreich.

Buchstaben-Code

Der universelle Code des *Beraters* ist in den Jungschen Persönlichkeitstypologien ENFJ.

Mehr:

Jarosław Jankowski
Ihr Persönlichkeitstyp: Berater (ENFJ)

Der Betreuer (ISFJ)

Lebensmotto: *Mir liegt viel an deinem Glück.*

Herzlich, bescheiden, vertrauenswürdig und überaus loyal. An erster Stelle stehen für *Betreuer* andere Menschen. Sie erkennen ihre Bedürfnisse und möchten ihnen helfen. Sie sind praktisch, gut organisiert und verantwortungsbewusst. Ferner zeichnen sie sich durch Geduld, Fleiß und Ausdauer aus. Sie führen ihre Pläne zu Ende.

Betreuer bemerken und prägen sich Details ein. Sie schätzen Ruhe, Stabilität und freundschaftliche Beziehungen zu anderen Menschen. Darüber hinaus vermögen sie es, Brücken zwischen Menschen zu bauen. Sie vertragen nur schlecht Kritik und Konflikte. *Betreuer* verfügen über ein starkes Pflichtbewusstsein und sind stets bereit anderen zu helfen. Manchmal werden sie von anderen ausgenutzt.

Natürliche Veranlagungen des *Betreuers*

- Die Quelle seiner Lebensenergie: sein Inneres.
- Informationsaufnahme: Sinne.
- Art und Weise wie Entscheidungen getroffen werden: Herz.
- Lebensstil: organisiert.

Ähnliche Persönlichkeitstypen

- *Künstler*
- *Anwalt*
- *Moderator*

Statistische Angaben

- *Betreuer* stellen ca. 8-12 % der Gesellschaft dar.
- Unter *Betreuern* überwiegen Frauen (70 %).
- Das Land, welches dem Profil des *Betreuers* entspricht, ist Schweden.

Buchstaben-Code

Der universelle Code des *Betreuers* ist in den Jungschen Persönlichkeitstypologien ISFJ.

Mehr:

Jarosław Jankowski
Ihr Persönlichkeitstyp: Betreuer (ISFJ)

Der Direktor (ENTJ)

Lebensmotto: *Ich sage euch, was zu tun ist!*

Unabhängig, aktiv und entschieden. Rational, logisch und kreativ. *Direktoren* betrachten analysierte Probleme in einem breiteren Kontext und sind imstande, die Konsequenzen von menschlichem Verhalten vorherzusehen. Sie zeichnen sich durch Optimismus und eine gesunde Selbstsicherheit aus. Sie können theoretische Konzepte in konkrete, praktische Pläne umwandeln.

Visionäre, Mentoren und Organisatoren. *Direktoren* verfügen über natürliche Führungsqualitäten. Ihre starke Persönlichkeit, ihr kritisches Urteilsvermögen sowie ihre Direktheit verunsichern andere Menschen häufig und führen zu Problemen bei zwischenmenschlichen Beziehungen.

Natürliche Veranlagungen des *Direktors*

- Die Quelle seiner Lebensenergie: seine äußere Welt.
- Informationsaufnahme: Intuition.
- Art und Weise wie Entscheidungen getroffen werden: Verstand.
- Lebensstil: organisiert.

Ähnliche Persönlichkeitstypen

- *Reformer*
- *Stratege*
- *Logiker*

Statistische Angaben

- *Direktoren* stellen ca. 2-5 % der Gesellschaft dar.
- Unter *Direktoren* überwiegen Männer (70 %).
- Das Land, welches dem Profil des *Direktors* entspricht, sind die Niederlande.

Buchstaben-Code

Der universelle Code des *Direktors* ist in den Jungschen Persönlichkeitstypologien ENTJ.

Mehr:

Jarosław Jankowski
Ihr Persönlichkeitstyp: Direktor (ENTJ)

Der Enthusiast (ENFP)

Lebensmotto: *Wir schaffen das!*

Energisch, enthusiastisch und optimistisch. Sie sind lebensfreudig und sind mit den Gedanken in der Zukunft. Dynamisch, scharfsinnig und kreativ. *Enthusiasten* mögen Menschen und schätzen ehrliche und authentische Beziehungen. Sie sind herzlich und emotional. *Enthusiasten* können aber schlecht mit Kritik umgehen. Sie verfügen über Empathie und erkennen die Bedürfnisse, Emotionen und Motive anderer Menschen. Sie inspirieren und stecken andere mit ihrem Enthusiasmus an.

Enthusiasten mögen es, im Zentrum der Aufmerksamkeit zu sein. Sie sind flexibel und vermögen es, zu improvisieren. Sie neigen zu idealistischen Ideen. *Enthusiasten* lassen sich einfach ablenken und haben Probleme damit, viele Angelegenheiten zu Ende zu bringen.

Natürliche Veranlagungen des *Enthusiasten*

- Die Quelle seiner Lebensenergie: seine äußere Welt.
- Informationsaufnahme: Intuition.
- Art und Weise wie Entscheidungen getroffen werden: Herz.
- Lebensstil: spontan.

Ähnliche Persönlichkeitstypen

- *Berater*
- *Idealist*
- *Mentor*

Statistische Angaben

- *Enthusiasten* stellen ca. 5-8 % der Gesellschaft dar.
- Unter *Enthusiasten* überwiegen Frauen (60 %).
- Das Land, welches dem Profil des *Enthusiasten* entspricht, ist Italien.

Buchstaben-Code

Der universelle Code des *Enthusiasten* ist in den Jungschen Persönlichkeitstypologien ENFP.

Mehr:

Jarosław Jankowski
Ihr Persönlichkeitstyp: Enthusiast (ENFP)

Der Idealist (INFP)

Lebensmotto: *Man kann anders leben.*

Sensibel, loyal und kreativ. Sie möchten im Einklang mit ihren Werten leben. *Idealisten* interessieren sich für die spirituelle Wirklichkeit und gehen den Geheimnissen des Lebens nach. Sie nehmen sich die Probleme der Welt zu Herzen und stehen Bedürfnissen anderer Menschen offen gegenüber. *Idealisten* schätzen Harmonie und Ausgeglichenheit.

Sie sind romantisch und dazu fähig, ihre Liebe zu anderen zu äußern, wobei sie selbst auch Wärme und Zärtlichkeit brauchen. Sie vermögen es, Motive und Gefühle anderer Menschen hervorragend zu erkennen. *Idealisten* bauen gesunde, tiefgründige und dauerhafte Beziehungen auf. In Konfliktsituationen verlieren sie den Boden unter den Füßen. Sie können Kritik und Stress nicht vertragen.

Natürliche Veranlagungen des *Idealisten*

- Die Quelle seiner Lebensenergie: seine innere Welt.
- Informationsaufnahme: Intuition.
- Art und Weise wie Entscheidungen getroffen werden: Herz.
- Lebensstil: spontan.

Ähnliche Persönlichkeitstypen

- *Mentor*
- *Enthusiast*
- *Berater*

Statistische Angaben

- *Idealisten* stellen ca. 1-4 % der Gesellschaft dar.
- Unter *Idealisten* überwiegen Frauen (60 %).
- Das Land, welches dem Profil des *Idealisten* entspricht, ist Thailand.

Buchstaben-Code

Der universelle Code des *Idealisten* ist in den Jungschen Persönlichkeitstypologien INFP.

Mehr:

Jarosław Jankowski
Ihr Persönlichkeitstyp: Idealist (INFP)

Der Inspektor (ISTJ)

Lebensmotto: *Die Pflicht geht vor.*

Menschen, auf die man sich immer verlassen kann. Wohlerzogen, pünktlich, zuverlässig, gewissenhaft, verantwortungsbewusst – die Zuverlässigkeit in Person. Analytisch, methodisch, systematisch und logisch. *Inspektoren* werden als beherrschte, kühle und ernsthafte Menschen angesehen. Sie schätzen Ruhe, Stabilität und Ordnung. *Inspektoren* mögen keine Veränderungen, dafür aber klare und konkrete Regeln.

Sie sind arbeitsam und ausdauernd, weswegen sie Angelegenheiten zu Ende bringen können. Es sind Perfektionisten, die über alles die Kontrolle haben möchten. Sie äußern sparsam Lob und sind nicht imstande, der Wichtigkeit der Gefühle und Emotionen anderer Menschen die gebürtige Beachtung zu schenken.

Natürliche Veranlagungen des *Inspektors*

- Die Quelle seiner Lebensenergie: seine innere Welt.
- Informationsaufnahme: Sinne.
- Art und Weise wie Entscheidungen getroffen werden: Verstand.
- Lebensstil: organisiert.

Ähnliche Persönlichkeitstypen

- *Praktiker*
- *Verwalter*
- *Animateur*

Statistische Angaben

- *Inspektoren* stellen ca. 6-10 % der Gesellschaft dar.
- Unter *Inspektoren* überwiegen Männer (60 %).
- Das Land, welches dem Profil des *Inspektors* entspricht, ist die Schweiz.

Buchstaben-Code

Der universelle Code des *Inspektors* ist in den Jungschen Persönlichkeitstypologien ISTJ.

Mehr:

Jarosław Jankowski
Ihr Persönlichkeitstyp: Inspektor (ISTJ)

Der Künstler (ISFP)

Lebensmotto: *Lasst uns etwas erschaffen!*

Sensibel, kreativ und originell. Sie haben ein Gefühl für Ästhetik und angeborene künstlerische Fähigkeiten. Unabhängig – *Künstler* agieren nach ihrem eigenen Wertesystem und ordnen sich keinerlei Druck von außen unter. Sie sind optimistisch und verfügen über eine positive Lebenseinstellung, weswegen sie jeden Augenblick genießen können.

Sie sind glücklich, wenn sie anderen helfen können. Abstrakte Theorien langweilen sie, denn *Künstler* ziehen es vor, die Realität zu erschaffen und nicht über sie zu sprechen. Es fällt ihnen jedoch weitaus leichter, neue Pläne zu realisieren, als bereits begonnene abzuschließen. Sie haben Schwierigkeiten, ihre eigenen Bedürfnisse und Wünsche zu äußern.

Natürliche Veranlagungen des *Künstlers*

- Die Quelle seiner Lebensenergie: seine innere Welt.
- Informationsaufnahme: Sinne.
- Art und Weise wie Entscheidungen getroffen werden: Herz.
- Lebensstil: spontan.

Ähnliche Persönlichkeitstypen

- *Betreuer*
- *Moderator*
- *Anwalt*

Statistische Angaben

- *Künstler* stellen ca. 6-9 % der Gesellschaft dar.
- Unter *Künstlern* überwiegen Frauen (60 %).
- Das Land, welches dem Profil des *Künstlers* entspricht, ist China.

Buchstaben-Code

Der universelle Code des *Künstlers* ist in den Jungschen Persönlichkeitstypologien ISFP.

Mehr:

Jarosław Jankowski
Ihr Persönlichkeitstyp: Künstler (ISFP)

Der Logiker (INTP)

Lebensmotto: *Man muss vor allem die Wahrheit über die Welt kennenlernen.*

Originell, einfallsreich und kreativ. *Logiker* mögen es, theoretische Probleme zu lösen. Sie sind analytisch, scharfsinnig und begegnen neuen Ideen mit Begeisterung. *Logiker* vermögen es, einzelne Phänomene zu verbinden und mithilfe von ihnen allgemeine Regeln und Theorien aufzustellen. Sie agieren logisch, präzise und tiefgründig. Unklare

Zusammenhänge und Inkonsequenzen werden von ihnen schnell erkannt.

Sie sind unabhängig und skeptisch gegenüber bereits vorliegenden Lösungen sowie Autoritäten. Zugleich sind sie tolerant und offen für neue Herausforderungen. Versunken in Gedanken verlieren sie ab und an den Kontakt zur Außenwelt.

Natürliche Veranlagungen des *Logikers*

- Die Quelle seiner Lebensenergie: seine innere Welt.
- Informationsaufnahme: Intuition.
- Art und Weise wie Entscheidungen getroffen werden: Verstand.
- Lebensstil: spontan.

Ähnliche Persönlichkeitstypen

- *Stratege*
- *Reformer*
- *Direktor*

Statistische Angaben

- *Logiker* stellen ca. 2-3 % der Gesellschaft dar.
- Unter *Logikern* überwiegen Männer (80 %).
- Das Land, welches dem Profil des *Logikers* entspricht, ist Indien.

Buchstaben-Code

Der universelle Code des *Logikers* ist in den Jungschen Persönlichkeitstypologien INTP.

Mehr:

Jarosław Jankowski
Ihr Persönlichkeitstyp: Logiker (INTP)

Der Mentor (INFJ)

Lebensmotto: *Die Welt könnte besser sein!*

Kreativ, sensibel, auf die Zukunft fixiert. *Mentoren* sehen Möglichkeiten, die andere Menschen nicht erkennen. Es sind Idealisten und Visionäre, die sich darauf konzentrieren, Menschen zu helfen. Pflichtbewusst und verantwortungsbewusst, zugleich auch höflich, fürsorglich und freundschaftlich. Sie versuchen, die Mechanismen der Weltordnung zu verstehen und betrachten Probleme aus einer breiten Perspektive.

Hervorragende Zuhörer und Beobachter. Sie zeichnen sich aus durch Empathie, Intuition und Vertrauen in Menschen. *Mentoren* sind imstande, Gefühle und Emotionen zu lesen, können wiederum aber nur schlecht Kritik annehmen und sich in Konfliktsituationen zurechtfinden. Andere können sie gelegentlich als enigmatisch empfinden.

Natürliche Veranlagungen des *Mentors*

- Die Quelle seiner Lebensenergie: seine innere Welt.
- Informationsaufnahme: Intuition.
- Art und Weise wie Entscheidungen getroffen werden: Herz.
- Lebensstil: organisiert.

Ähnliche Persönlichkeitstypen

- *Idealist*
- *Berater*
- *Enthusiast*

Statistische Angaben

- *Mentoren* stellen ca. 1 % der Gesellschaft dar und sind damit der seltenste Persönlichkeitstyp.
- Unter *Mentoren* überwiegen Frauen (80 %).
- Das Land, welches dem Profil des *Logikers* entspricht, ist Norwegen.

Buchstaben-Code

Der universelle Code des *Mentors* ist in den Jungschen Persönlichkeitstypologien INFJ.

Mehr:

Jarosław Jankowski
Ihr Persönlichkeitstyp: Mentor (INFJ)

Der Moderator (ESFP)

Lebensmotto: *Heute ist der richtige Zeitpunkt!*

Optimistisch, energisch und offen gegenüber Menschen. *Moderatoren* sind lebenslustig und haben gerne Spaß. Sie sind praktisch, zugleich aber auch flexibel und spontan. Sie mögen Veränderungen und neue Erfahrungen. Einsamkeit, Stagnation und Routine hingegen vertragen sie eher schlecht. *Moderatoren* mögen es, im Zentrum der Aufmerksamkeit zu stehen.

Sie verfügen über ein natürliches Schauspieltalent und über die Gabe, interessant und packend zu berichten. Indem sie sich auf das Hier und Jetzt konzentrieren verlieren sie manchmal langfristige Ziele aus den Augen. Sie neigen dazu, Konsequenzen ihres Handelns nicht richtig einschätzen zu können.

Natürliche Veranlagungen des *Moderators*

- Die Quelle seiner Lebensenergie: seine äußere Welt.
- Informationsaufnahme: Sinne.
- Art und Weise wie Entscheidungen getroffen werden: Herz.
- Lebensstil: spontan.

Ähnliche Persönlichkeitstypen

- *Anwalt*
- *Künstler*
- *Betreuer*

Statistische Angaben

- *Moderatoren* stellen ca. 8-13 % der Gesellschaft dar.
- Unter *Moderatoren* überwiegen Frauen (60 %).
- Das Land, welches dem Profil des *Moderators* entspricht, ist Brasilien.

Buchstaben-Code

Der universelle Code des *Moderators* ist in den Jungschen Persönlichkeitstypologien ESFP.

Mehr:

Jarosław Jankowski
Ihr Persönlichkeitstyp: Moderator (ESFP)

Der Praktiker (ISTP)

Lebensmotto: *Taten sind wichtiger als Worte.*

Optimistisch, spontan und mit einer positiven Lebenseinstellung. Beherrschte und unabhängige Menschen, die ihren eigenen Überzeugungen treu sind und äußeren Normen und Regeln skeptisch gegenüberstehen. *Praktiker* sind nicht an Theorien oder Überlegungen bzgl. der Zukunft interessiert. Sie ziehen es vor, konkrete und handfeste Probleme zu lösen.

Sie passen sich gut an neue Orte und Situationen an und mögen Herausforderungen und das Risiko. Ferner vermögen sie es, bei Gefahr einen kühlen Kopf zu behalten. Ihre Wortkargheit und extreme Zurückhaltung bei der Äußerung von Meinungen bewirken, dass sie für andere Menschen manchmal unverständlich erscheinen.

Natürliche Veranlagungen des *Praktikers*

- Die Quelle seiner Lebensenergie: seine innere Welt.
- Informationsaufnahme: Sinne.

- Art und Weise wie Entscheidungen getroffen werden: Verstand.
- Lebensstil: spontan.

Ähnliche Persönlichkeitstypen

- *Inspektor*
- *Animateur*
- *Verwalter*

Statistische Angaben

- *Praktiker* stellen ca. 6-9 % der Gesellschaft dar.
- Unter *Praktiker* überwiegen Männer (60 %).
- Das Land, welches dem Profil des *Praktikers* entspricht, ist Singapur.

Buchstaben-Code

Der universelle Code des *Praktikers* ist in den Jungschen Persönlichkeitstypologien ISTP.

Mehr:

Jarosław Jankowski
Ihr Persönlichkeitstyp: Praktiker (ISTP)

Der Reformer (ENTP)

Lebensmotto: *Und wenn man versuchen würde, es anders zu machen?*

Ideenreich, originell und unabhängig. *Reformer* sind Optimisten. Sie sind energisch und unternehmerisch. Wahrhaftige Tatmenschen, die gerne im

Zentrum des Geschehens sind und „unlösbare Probleme" lösen. Sie sind an der Welt interessiert, risikofreudig und ungeduldig. Visionäre, die offen für neue Ideen sind. Sie mögen neue Erfahrungen und Experimente. Ferner erkennen sie die Verbindungen zwischen einzelnen Ereignissen und sind mit ihren Gedanken in der Zukunft.

Spontan, kommunikativ und selbstsicher. *Reformer* neigen dazu, ihre eigenen Fähigkeiten zu überschätzen. Darüber hinaus haben sie Probleme damit, etwas zu Ende zu bringen.

Natürliche Veranlagungen des *Reformers*

- Die Quelle seiner Lebensenergie: seine äußere Welt.
- Informationsaufnahme: Intuition.
- Art und Weise wie Entscheidungen getroffen werden: Verstand.
- Lebensstil: spontan.

Ähnliche Persönlichkeitstypen

- *Direktor*
- *Logiker*
- *Stratege*

Statistische Angaben

- *Reformer* stellen ca. 3-5 % der Gesellschaft dar.
- Unter *Reformern* überwiegen Männer (70 %).
- Das Land, welches dem Profil des *Reformers* entspricht, ist Israel.

Buchstaben-Code

Der universelle Code des *Reformers* ist in den Jungschen Persönlichkeitstypologien ENTP.

Mehr:

Jarosław Jankowski
Ihr Persönlichkeitstyp: Reformer (ENTP)

Der Stratege (INTJ)

Lebensmotto: *Das lässt sich perfektionieren!*

Unabhängige, herausragende Individualisten, die über unglaublich viel Energie verfügen. Sie sind kreativ und einfallsreich. Von anderen werden sie als kompetente und selbstsichere Menschen angesehen, wenngleich sie distanziert und enigmatisch wirken. *Strategen* betrachten alle Angelegenheiten aus einer breiten Perspektive. Sie möchten ihre Umwelt perfektionieren und ordnen.

Strategen sind gut organisiert, verantwortungsbewusst, kritisch und anspruchsvoll. Es ist schwer, sie aus dem Gleichgewicht zu bringen. Zugleich ist es aber auch nicht einfach, sie völlig zufrieden zu stellen. Ihre Natur erschwert es ihnen, die Gefühle und Emotionen anderer Menschen zu erkennen.

Natürliche Veranlagungen des *Strategen*

- Die Quelle seiner Lebensenergie: seine innere Welt.
- Informationsaufnahme: Intuition.

- Art und Weise wie Entscheidungen getroffen werden: Verstand.
- Lebensstil: organisiert.

Ähnliche Persönlichkeitstypen

- *Logiker*
- *Direktor*
- *Reformer*

Statistische Angaben

- *Strategen* stellen ca. 1-2 % der Gesellschaft dar.
- Unter *Strategen* überwiegen Männer (80 %).
- Das Land, welches dem Profil des *Strategen* entspricht, ist Finnland.

Buchstaben-Code

Der universelle Code des *Strategen* ist in den Jungschen Persönlichkeitstypologien INTJ.

Mehr:

Jarosław Jankowski
Ihr Persönlichkeitstyp: Stratege (INTJ)

Der Verwalter (ESTJ)

Lebensmotto: *Erledigen wir diese Aufgabe!*

Fleißig, verantwortungsbewusst und überaus loyal. Energisch und entschieden. Sie schätzen Ordnung, Stabilität, Sicherheit und klare Regeln. *Verwalter* sind sachlich und konkret. Sie sind logisch, rational und praktisch. Sie vermögen es, sich eine große Menge detaillierter Informationen anzueignen.

Hervorragende Organisatoren, die Ineffizienz, Verschwendung und Faulheit nicht dulden. Sie sind ihren Überzeugungen treu und aufgeschlossen gegenüber anderen Menschen. Sie legen ihre Meinung entschieden dar und üben offen Kritik aus, weswegen sie manchmal ungewollt andere Menschen verletzen.

Natürliche Veranlagungen des *Verwalters*

- Die Quelle seiner Lebensenergie: seine äußere Welt.
- Informationsaufnahme: Sinne.
- Art und Weise wie Entscheidungen getroffen werden: Verstand.
- Lebensstil: organisiert.

Ähnliche Persönlichkeitstypen

- *Animateur*
- *Inspektor*
- *Praktiker*

Statistische Angaben

- *Verwalter* stellen ca. 10-13 % der Gesellschaft dar.
- Unter *Verwaltern* überwiegen Männer (60 %).
- Das Land, welches dem Profil des *Verwalters* entspricht, sind die USA.

Buchstaben-Code

Der universelle Code des *Verwalters* ist in den Jungschen Persönlichkeitstypologien ESTJ.

Mehr:

Jarosław Jankowski
Ihr Persönlichkeitstyp: Verwalter (ESTJ)

Anhang

Die vier natürlichen Veranlagungen

1. Dominierende Quelle der Lebensenergie

    o ÄUSSERE WELT
      Menschen, die ihre Energie aus der
      Umwelt schöpfen, die Aktivitäten und
      Kontakt mit anderen Menschen benö-
      tigen. Sie vertragen längere Einsam-
      keit nur schlecht.

    o INNERE WELT
      Menschen, die ihre Energie aus ihrem
      Innern schöpfen, die Ruhe und Ein-
      samkeit brauchen. Sie fühlen sich er-
      schöpft, wenn sie längere Zeit mit an-
      deren Menschen verbringen.

2. Dominierende Art, Informationen aufzuneh-
   men

   o SINNE
     Menschen, die auf ihre fünf Sinne
     vertrauen. Sie glauben an Fakten und
     Beweise und mögen erprobte Metho-
     den sowie praktische und konkrete
     Aufgaben. Sie sind Realisten, die sich
     auf ihre Erfahrung stützen.

   o INTUITION
     Menschen, die auf ihren sechsten Sinn
     vertrauen. Sie lassen sich durch Vor-
     ahnungen leiten und mögen innova-
     tive Lösungen sowie Probleme theo-
     retischer Natur. Sie zeichnen sich
     durch eine kreative Herangehensweise
     sowie die Fähigkeit aus, Dinge vor-
     herzusehen.

3. Dominierende Art, Entscheidungen zu treffen

   o VERSTAND
     Menschen, die sich nach ihrer Logik
     und objektiven Regeln richten. Sie
     sind kritisch und direkt, wenn sie ihre
     Meinung äußern.

   o HERZ
     Menschen, die sich nach ihren Emp-
     findungen und Werten richten. Sie

streben nach Harmonie und Einverständnis mit anderen.

4. Dominierender Lebensstil

- o ORGANISIERT
  Menschen, die pflichtbewusst und organisiert sind. Sie schätzen Ordnung und mögen es, nach Plan zu handeln.

- o SPONTAN
  Flexible Menschen, die ihre Freiheit schätzen. Sie erfreuen sich des Augenblicks und finden sich gut in neuen Situationen zurecht.

Geschätzter Anteil der einzelnen Persönlichkeitstypen an der Bevölkerung (in %)

Persönlichkeitstyp	Anteil
Animateur (ESTP):	6 – 10 %
Anwalt (ESFJ):	10 – 13 %
Berater (ENFJ):	3 – 5 %
Betreuer (ISFJ):	8 – 12 %
Direktor (ENTJ):	2 – 5 %
Enthusiast (ENFP):	5 – 8 %
Idealist (INFP):	1 – 4 %
Inspektor (ISTJ):	6 – 10 %
Künstler (ISFP):	6 – 9 %
Logiker (INTP):	2 – 3 %
Mentor (INFJ):	ca. 1 %

Moderator (ESFP):	8 – 13 %
Praktiker (ISTP):	6 – 9 %
Reformer (ENTP):	3 – 5 %
Stratege (INTJ):	1 – 2 %
Verwalter (ESTJ):	10 – 13 %

Geschätztes prozentuales Verhältnis von Frauen und Männern je nach Persönlichkeitstyp

Persönlichkeitstyp	Frauen/Männer
Animateur (ESTP):	40 % / 60 %
Anwalt (ESFJ):	70 % / 30 %
Berater (ENFJ):	80 % / 20 %
Betreuer (ISFJ):	70 % / 30 %
Direktor (ENTJ):	30 % / 70 %
Enthusiast (ENFP):	60 % / 40 %
Idealist (INFP):	60 % / 40 %
Inspektor (ISTJ):	40 % / 60 %
Künstler (ISFP):	60 % / 40 %
Logiker (INTP):	20 % / 80 %
Mentor (INFJ):	80 % / 20 %
Moderator (ESFP):	60 % / 40 %
Praktiker (ISTP):	40 % / 60 %
Reformer (ENTP):	30 % / 70 %
Stratege (INTJ):	20 % / 80 %
Verwalter (ESTJ):	40 % / 60 %

Literaturverzeichnis

- Arraj, J. (1990): *Tracking the Elusive Human, Volume 2: An Advanced Guide to the Typological Worlds of C. G. Jung, W.H. Sheldon, Their Integration, and the Biochemical Typology of the Future*. Midland, OR: Inner Growth Books.
- Arraj, J. / Arraj, T. (1988): *Tracking the Elusive Human, Volume 1: A Practical Guide to C.G. Jung's Psychological Types, W.H. Sheldon's Body and Temperament Types and Their Integration*. Chiloquin, OR: Inner Growth Books.
- Berens, L. V. / Cooper, S. A. / Ernst, L. K. / Martin, C. R. / Myers, S. / Nardi, D. / Pearman, R. R./Segal, M./Smith, M. A. (2002): *Quick Guide to the 16 Personality Types in Organizations: Understanding Personality Differences in the Workplace*. Fountain Valley, CA: Telos Publications.
- Geier, J. G./Downey, D. E. (1989): *Energetics of Personality*: Success Through Quality

Action. Minneapolis, MN: Aristos Publishing House.

- Hunsaker, P. L. / Alessandra, T. (1986): *The Art of Managing People*. New York, NY: Simon and Schuster.

- Jung, C. G. (1995): *Psychologische Typen*. Ostfildern: Patmos Verlag.

- Kise, J. A. G. / Krebs Hirsh, S. / Stark, D. (2005): *LifeKeys: Discover Who You Are*. Bloomington, MN: Bethany House.

- Kroeger, O. / Thuesen, J. M. (1988): *Type Talk or How to Determine Your Personality Type and Change Your Life*. New York, NY: Delacorte Press.

- Lawrence, G. D. (1997): *Looking at Type and Learning Styles*. Gainesville, FL: Center for Applications of Psychological Type.

- Lawrence, G. D. (1993): *People Types and Tiger Stripes*. Gainesville, FL: Center for Applications of Psychological Type.

- Maddi, S. R. (2001): *Personality Theories: A Comparative Analysis*. Long Grove, IL: Waveland Press.

- Martin, C. R. (2001): *Looking at Type: The Fundamentals Using Psychological Type To Understand and Appreciate Ourselves and Others*. Gainesville, FL: Center for Applications of Psychological Type.

- Meier, C. A. (1986): *Persönlichkeit: Der Individuationsprozess im Lichte der Typologie C. G. Jungs*. Einsiedeln: Daimon.

- Pearman, R. R. / Albritton, S. C. (2010): *I'm Not Crazy, I'm Just Not You: The Real Meaning of the Sixteen Personality Types*. Boston, MA: Nicholas Brealey Publishing.

- Segal,M. (2001): *Creativity and Personality Type: Tools for Understanding and Inspiring the Many Voices of Creativity*. Fountain Valley, CA: Telos Publications.

- Sharp, D. (1987): *Personality Type: Jung's Model of Typology*. Toronto: Inner City Books.

- Spoto, A. (1995): *Jung's Typology in Perspective*. Asheville, NC: Chiron Publications.

- Tannen, D. (1990): *You Just Don't Understand: Women and Men in Conversation*. New York, NY: William Morrow and Company.

- Thomas, J. C. / Segal, D. L. (2005): *Comprehensive Handbook of Personality and Psychopathology, Personality and Everyday Functioning*. Hoboken, NJ: Wiley.

- Thomson, L. (1998): *Personality Type: An Owner's Manual*. Boston, MA: Shambhala.

- Tieger, P. D./Barron-Tieger, B. (2000): *Just Your Type: Create the Relationship You've Always Wanted Using the Secrets of Personality Type*. New York, NY: Little, Brown and Company.

- Von Franz, M.-L. / Hillman, J. (1971): *Lectures on Jung's Typology*. New York, NY: Continuum International Publishing Group.

Der Leser steht an erster Stelle.

Eine Autorenkampagne
der Alliance of Independent Authors